AF509308

PLATÉE,

BALLET.

REPRESENTÉ
PAR L'ACADÉMIE ROYALE
DE MUSIQUE,
POUR LE CARNAVAL
DE MIL SEPT CENT QUARENTE-NEUF.

Le Mardi quatre Février de la même année,

Et le Jeudi Gras, 5 Février 1750.

Et Remis au Théâtre le Jeudi Gras, 21 Février 1754.

TROISIÉME ÉDITION.

PRIX XXX SOLS.

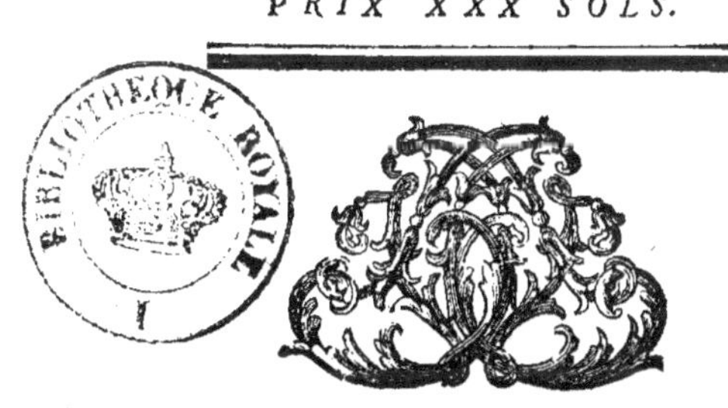

AUX DÉPENS DE L'ACADÉMIE.

A PARIS, Chez la V. Delormel & Fils, Imprimeur de ladite Académie, rue du Foin, à l'Image Ste. Geneviéve.

On trouvera des Livres de Paroles à la Salle de l'Opéra.

M. DCC. LIV.

AVEC APPROBATION ET PRIVILEGE DU ROY.

La Musique est de M. RAMEAU.

ACTEURS CHANTANS

Dans les Chœurs.

CôTE' DU ROI.		CôTE' DE LA REINE.	
Mesdemoiselles.	*Messieurs.*	*Mesdemoiselles.*	*Messieurs.*
Dun.	Lefebvre.	Rollet.	S. Martin.
Larcher.	Le Page, C.	Daliere.	Gratin.
Cazeau.	Marotte.	Masson.	Le Mesle.
LeTourneur	Levesque.	Gondré.	Albert.
La Croix.	Le Roy.	Héry.	Le Vasseur.
Sallaville.	Selle.	Duval. 1re.	Chapotin.
Duval. 2e.	Roze.	Adelaïde.	Favier.
Gaultier.	Robin.	Lachanterie	Feret.
De S. Hilaire	Antheaume.	Dauger.	Du Perrier.
Béfort.	Parent.	Beyssac.	Lombard.
			Laurent.

ACTEURS DU PROLOGUE.

THEPSIS, *Inventeur de la Comédie.*   M^r. Poirier.

UN SATIRE,   M^r. Person.

VENDANGEUSES, Mlles. { Cazeau. { Daliere.

THALIE,   Mlle. Dubois.

MOMUS,   M^r. Cuvilier.

CHŒURS de Satires, de Ménades, de Païsans vendangeurs, de leurs Femmes & de leurs Enfans.

PERSONNAGES DANSANS:

SATIRES & MÉNADES.

M^{rs}. Desplaces 1., Gobert, Vestris c., Henry, St. Germain, Desirée, Ponchon, Himblot.

PAYSANS VENDANGEURS.

M^r. LANY.   Mlle. LYONNOIS.

M^{rs}. Lepy, Beat, Lelievre, Desplaces, c.
Mlles. Grenier, Chevrier, Victoire, Maupin.

PROLOGUE.

LA NAISSANCE DE LA COMÉDIE.

Le Théâtre répresente une Vigne de Gréce, avec l'appareil d'une Vendange.

SCENE PREMIERE.

THESPIS, *endormi,* CHŒURS *de Satire, de Menades, de Païsans vendangeurs, de leurs Femmes & de leurs Enfans qui entrent en danfant.*

UN SATIRE.

L E Ciel répand ici fa plus douce influence,
Bacchus a comblé nos défirs
Coulez, jus précieux, coulez en abondance,
Vous êtes l'ame des plaifirs.

6   P R O L O G U E.
C H Œ U R.

Coulez, jus précieux, coulez en abondance,
Vous êtes l'ame des plaisirs.

On danse.

L E   S A T I R E.

En vain l'affreux hiver s'avance,
L'Amour par vos préfens, augmentant fa puiffance,
Rend à nos cœurs la faifon des Zéphirs,
Vous ranimez nos feux & nos tendres défirs.

C H Œ U R, Coulez, *&c.*

On danse.

L E   S A T I R E,

apercevant THESPIS *endormi.*

Que vois-je ? Eft-ce Thefpis ? Oui, c'eft lui qui
    fommeille,
Ce doux jus fur fes yeux fait l'effet des pavots:
Doit-il en ce grand jour fe livrer au repos,
Lui qui chante fi bien le grand Dieu de la Treille !

Il s'aproche de THESPIS *pour le reveiller.*

Ranimez vos fens affoupis,
Réveillez-vous, chantez, agréable Thefpis.

L E   C H Œ U R, Ranimez, *&c.*

T H E S P I S, en s'éveillant.

Rendons grace à Bacchus du fommeil qu'il nous
    donne,
Qu'il eft tranquille ! Qu'il eft doux !

Il fe rendort.

PROLOGUE.
LE SATIRE ET LE CHŒUR,

autour de THESPIS.

Thespis, chantez, reveillez-vous.

THESPIS, *fâché.*

Chantons, vous m'y forcez, mais songez qu'en
Automne,
Dans mes chansons, je n'épargne personne.

DEUX VENDANGEUSES.

Joyeux Thespis, point de courroux.

THESPIS.

Je sens qu'un doux transport me saisit & m'inspire,
Charmant Bacchus, Dieu de la liberté,
Pere de la sincérité,
Aux dépens des mortels tu nous permets de rire.

Mon cœur plein de la vérité,
Va se soulager à la dire :
Dussai-je être mal écouté.

Charmant Bacchus, &c.

Il s'adresse aux Ménades.

Ménades & jeunes & belles,
A vos amans êtes-vous bien fidelles ?
On ne le croit pas parmi nous.

CHŒUR *de Ménades.*

Thespis, rendormez-vous.

T H E S P I S.

Il s'adreſſe aux Satires.

Dignes amans de ces jeunes Coquettes,
Invincibles buveurs, tous trompés que vous êtes,
Vous n'aimez pas aſſés pour en être jaloux.

C H Œ U R *de Satires.*

Theſpis, rendormez-vous.

T H E S P I S.

Il s'adreſſe à tous.

Au milieu d'une Orgie, où regne la licence,
Ménades, vos ſecrets ſont mal en aſſurance,
On me les a dits preſque tous.

C H Œ U R *de Satires & de Ménades.*

Theſpis, rendormez-vous.

SCENE II.

THALIE, MOMUS.

Et les Acteurs de la Scene précédente.

THALIE à THESPIS.

Non, pourſuivez, Theſpis, livrez-vous à Thalie:
Pour exercer votre aimable folie,
Je remets mon maſque en vos mains.

Elle donne à THESPIS le maſque qu'elle tient.

A vos chants, à vos jeux, rien ne peut faire obſtacle.
Je viens avec Momus en former un ſpectacle,
Pour corriger les défauts des humains.

MOMUS.

Aux ſeuls humains bornez-vous la Satire?
Vous pouvez juſqu'aux Dieux, étendre ſon empire;
Je vous préterai mon appui.
La raiſon dans l'Olimpe eſt ſouvent hors d'uſage.
Hé! Qui pourroit réſiſter à l'ennui
D'être immortel & toûjours ſage?

B

MOMUS, THALIE, THESPIS.

Cherchons à railler en tous lieux,
Soumettons à nos ris & le Ciel & la Terre:
Livrons au ridicule une éternelle guerre,
N'épargnons ni Mortels ni Dieux.

MOMUS.

Dans ces lieux, Jupiter lui-même
Defcendu de fa gravité,
Par un rifible ftratagême
Guérit jadis d'une époufe qu'il aime,
La jaloufie & la fierté.

Je veux avec Thefpis en retracer l'hiftoire,
La Gréce en garde encor la célébre mémoire.

THESPIS.

Momus, Amour, Dieu des raifins,
Divinités charmantes,
Par des leçons réjouiffantes
Nous corrigerons les humains.

Il s'adreffe à tous les différens Chœurs.

Et vous, heureux témoins d'une union fi belle,
Montrez pour la fervir ce que peut votre zéle.

LES ACTEURS, & les CHŒURS.

Formons un fpéctacle nouveau.
Bacchus c'eft ta victoire,
Livrons nous au plaifir de boire,
L'Hipocrêne eft fur ce côteau.

On danfe.

THALIE,

alternativement avec le CHŒUR.

Chantons Bacchus,

Chantons Momus,

Chantons l'Amour & fes flâmes,

Que tour à tour

Dans ce féjour,

Ces Dieux rempliffent nos ames.

SEULE.

Sans le vin

Sans fon yvreffe,

La tendreffe

N'eft que chagrin.

Alternativement avec le CHŒUR.

Chantons Bacchus, &c.

B ij

S E U L E.

Veut-on rire ?
C'eſt à Bacchus qu'on a recours,
Momus lui dût toujours
Son plus charmant délire.

Alternativement avec le CHŒUR.

Chantons Bacchus, &c.

*On danſe à toutes les Repriſes, & à la fin
de ce Chœur, tous ſe retirent en danſant.*

Fin du Prologue.

ACTEURS DU BALLET.

PLATÉE, *Nymphe d'un grand marais au pied du Mont-Citheron.* M^r. De la Tour.

CITHERON, *Roi de Grece,* M^r. Gelin.

JUPITER, M^r. Person.

JUNON, Mlle. Jacquet.

MERCURE, M^r. Poirier.

IRIS,

MOMUS, M^r. Cuvilier.

LA FOLIE, Mlle. Fel.

CLARINE, *Fontaine suivante de PLATÉE,* Mlle. Dubois.

NAYADES *de la Cour de* PLATÉE.

AQUILONS.

CHŒURS *suivans de Momus.*

Suivans de la FOLIE *, de caractere gay & sérieux.*

SATYRES & DRIADES.

Autres SATYRES.

Suivans de MOMUS *sous la forme des Graces.*

CHŒURS *d'Habitans de la campagne, de leurs femmes & de leurs enfans.*

PERSONNAGES DANSANS.

PREMIER ACTE.

NAYADES suivantes de PLATÉE.

Mlle. RAIX.

Mlles. Courcelles, Himblot, Chevrier, Ponchon,
Raisme, Sauvage.

AQUILONS.

Mr. LYONOIS.

Mrs. Lelievre, Gallini, Desplaces c., Lepy,
Vestris c., Henry.

SECOND ACTE.

SUIVANS DE LA FOLIE.

D'un caractére gai.

Mlle. L A N I.

M^rs. Hamoche, Feuillade, Gobert, Desplaces c.
Mlles. Desirée, Ponchon, Chevrier, Grenier, &c.

SUIVANS DE LA FOLIE.

D'un caractére sérieux.

M^rs. Dupré, Caiez, Desplaces l., Henry.

TROISIÉME ACTE.
SATYRES & DRIADES.

Mʳ. VESTRIS.

Mʳ. LAVAL, Mˡˡᵉ. CARVILLE.

Mʳˢ. Desplaces l. , Gobert, Vestris. c. , Henry.
Mˡˡᵉˢ. St. Germain , Désirée, Ponchon, Himblot.

HABITANS DE LA CAMPAGNE.

Mˡˡᵉ. LYONNOIS.

Mʳ. BEAT.

Mˡˡᵉ. CARVILLE.

Mʳˢ. Lelievre, Gallini, Lepy, Desplaces c.
Mˡˡᵉˢ. Courcelles, Victoire, Raisme, Grenier.

PLATÉE

PLATÉE,
BALLET BOUFFON.

ACTE PREMIER.

Le Théâtre repréſente un lieu champêtre ; ſur les côtés , ſont différens petits Bâtimens ruſtiques entre-mêlés d'arbres fort touffus ; on voit dans le fond le Mont-Citheron , ſur le ſommet duquel eſt un Temple de Bacchus ; au bas , eſt un grand Marais plein de roẑeaux , entouré de vieux ſaules.

Le Ciel paroît chargé de nuages ; & de tems en tems l'on entend des coups de vent.

SCENE PREMIERE.
CITHERON.

Ieux , qui tenez l'Univers dans vos mains,
Voïez les élemens nous déclarer la guerre :
    S'il eſt de coupables humains ,
    Puniſſez-les par le tonnerre ,

C

Et rendez à la terre
Le calme & la douceur de ses premiers destins.

Mais je vois Mercure descendre !
Mes cris se sont-ils fait entendre ?

MERCURE descend du Ciel.

SCENE II.
CITHERON, MERCURE.
CITHERON.

MErcure, expliquez-nous par quels malheurs
nouveaux
Le Ciel nous fait sentir sa vengeance ou sa haîne !
Des Aquilons fougueux la dévorante haleine
Menace à chaque instant nos champs & nos côteaux.

MERCURE.

D'une cruelle jalousie
La Déesse des airs suit l'aveugle transport ;
Pour calmer la fureur dont son ame est saisie,
On fait un inutile effort ;
Jupiter s'en impatiente,
Et je lui cherche un doux amusement.

CITHERON.

Par quelque feinte ardeur, quelque ruse innocente
Ne peut-on pas guérir son Epouse aisément ?

Si Junon paroît implacable ,
Que d’un nouvel himen il feigne les apprêts ,
Bientôt il ceffera de paroître coupable :
Et bientôt leur amour reprendra fes attraits.

M E R C U R E.

Mais fi l’objet lui paroiffoit aimable.....

C I T H E R O N.

Ne craignez rien du pouvoir de fes traits.

Dans un Marais profond , monument du déluge
    Que vit jadis Deucalion ,
    Une Nymphe a fait fon refuge
    Au pié de ce fombre vallon.

        Il montre le Marais.

    Cette Naïade ridicule ,
Et que de tous les tems a profcrite l’Amour ,
Sur fes comiques traits aveuglement crédule ,
    Efpere chaque jour
Que mille amans viendront l’adorer tour à tour.
Que Jupiter , feignant de fe rendre à fes charmes ,
Vienne lui propofer un tendre engagement :
Informez-en Junon , excitez fes allarmes ,
    Nous l’attendrons à l’éclairciffement.

    P L A T É E paroît dans le fond du Théâtre.

Voulez-vous voir l’objet de cette amour nouvelle.

MERCURE.

Je monte au Cieux où Jupiter m'appelle.

Il jette un coup d'œil sur PLATÉE.

C'est à lui de juger d'un objet si charmant.

Il remonte au Ciel , CITHERON *se retire.*

SCENE III.

PLATÉE, CLARINE Fontaine sa Suivante, CITHERON, à l'écart.

PLATÉE.

QUe ce séjour est agréable!
Qu'il est aimable!
Ah! Qu'il est favorable ,
Pour qui veut bien perdre sa liberté.
Dis-moi, mon cœur, t'es-tu bien consulté.
Ah, mon cœur, tu t'agîtes!
Ah, mon cœur, tu me quittes!
Est-ce pour Citheron? T'a-t'il bien mérité.
Que ce séjour , &c.

CLARINE.

Sur quoi fondez-vous l'espérance
Que Citheron se soumette à vos loix?

P L A T É E.

Sur ce que je le vois,
Du plus loin quelquefois,
Comme un amant timide, éviter ma préfence.

C L A R I N E.

Quoi ! Devenir fenfible…

P L A T É E.

Hélas ! Oui, je le crois.

C L A R I N E.

Pour un fimple mortel !

P L A T É E.

Il faut bien faire un choix:
Dans l'ardeur qui me preffe
Où porter ma tendreffe ?
Nos Dieux des fleuves font fi froids.

Elle apperçoit CITHERON.

L'Amour, l'Amour avec moi s'intéreffe.
Mon amant vient, je l'apperçois.
Habitans fortunés, voifins de ces bocages,
Quittez vos fombres marécages,
Hâtez-vous venez promptement
Vous raffembler fous l'herbe tendre ;
Si l'on ne vous voit pas qu'on puiffe vous entendre
Célébrer cet heureux moment.
Que vos voix m'applaudiffent,
Que les airs retentiffent ;

Chantez & criez tous,

Que vos accens s'uniffent

A ces charmans oifeaux, dont les chants font fi doux.

On entend le croaffement des Grenouilles & le chant des Coucous, qui continuent pendant tout le Chœur fuivant.

CHŒUR *qu'on ne voit pas.*

Que nos voix applaudiffent,

Que les airs retentiffent,

Chantons & crions tous,

Que nos accens s'uniffent

A ces charmans Oifeaux, dont les chants font fi doux.

SCENE IV.

PLATÉE, CLARINE, CITHERON *qui s'eft approché.*

PLATÉE, *à* CITHERON.

Quelque douce inquiétude

Vous conduit donc en ces lieux?

CITHERON.

Non. Je cherche la folitude.

PLATÉE.

On y peut trouver mieux.

Il s'y rencontrent des Driades
Qui viennent volontiers dans ces lieux écartés,
Et jufqu'aux humides Naïades,
Tout doit fentir ce que vous meritez.

CITHERON.

Oferois-je afpirer à des Divinités ?
C'eft au refpect à m'en défendre.

PLATÉE.

On aimeroit autant un fentiment plus tendre :
Les difcours obligeans font toûjours écoutés.

Pour un amant qui fcait plaire,
Il n'eft point de rang trop haut :
Dût-il avoir le défaut
D'en devenir témeraire.

CITHERON.

L'amour audacieux ....

PLATÉE.

Le vôtre eft circonfpect.

CITHERON.

Il eft vrai, je le voi, que chacun vous adore,
Et mon profond refpect. ...

PLATÉE.

Quoi ! Le refpect encore.

Suivant de près Chitheron.

Je m'attendris !
Cruel , tu ris !
Je vois à tes mines
Que tu me devines ,
Ah ! Ah ! Charmant vainqueur !
Tu n'aime point? Non, non. Tu dédaigne mon cœur.

Serois-tu si timide ?

Irritée des refus obstinés de CITHERON.

Non. Tu n'es qu'un perfide,
Un perfide envers moi.

Le poursuivant avec fureur.

Dis donc, dis donc pourquoi ?
Quoi ? Quoi ?
Dis donc pourquoi ?

C H Œ U R *qu'on ne voit pas.*

Quoi ? Quoi?

Elle se met à pleurer. MERCURE *descend
du Ciel en traversant le Théâtre.*

CITHERON.

Naïade, appaisez-vous à l'aspect de Mercure:
Il descend des Cieux, je le voi.

P L A T É E.

Mercure ! Ah ! Se peut-il.

CITHERON.

CITHERON.

Sans doute, & j'en augure
Que quelque Dieu rempli d'amour....

PLATÉE.

Quoi ? Quoi ?

LE CHŒUR caché.

Quoi ? Quoi ?

SCENE V.

PLATÉE, CLARINE,
CITHERON, MERCURE.

MERCURE à PLATÉE,
après beaucoup de profondes révérences.

DÉesse qui regnez dans ces Marais superbes,
Sur des Sujets sans nombre errans parmi les herbes,
Ne trouverez-vous point indigne de vos fers,
Le Dieu qui lance le Tonnerre ?
Ce Dieu par vos beautés attiré sur la Terre,
Veut soûmettre à vos pieds son cœur & l'Univers.

PLATÉE.

Le croirai-je, beau Mercure,
Que d'une flâme bien pure
On brûle pour mes appas ?
Puis-je en être assez sûre
Pour soûpirer tout bas.

D

MERCURE & CITHERON.

Platée a mérité cette gloire éclatante.

CITHERON, à Platée.

Vous ne blâmerez plus une ame indifférente
Pour un bonheur qui n'eût pû s'achever.

Tout annonçoit en vous la fortune brillante
Où l'amour d'un grand Dieu devoit vous élever.

MERCURE & CITHERON.

Tout annonçoit en vous la fortune brillante
Où l'amour d'un grand Dieu devoit vous élever.

Platée a merité cette gloire éclatante.

PLATÉE, à Mercure.

Mais ce Dieu plein d'ardeur,
Pour attaquer mon cœur,
Se fait longtems attendre?

MERCURE.

Il va se rendre,
Et bientôt près de vous.

Quelques éclairs anoncent l'orage.

Le Ciel qui s'obscurcit m'en donne le présage,
La Déesse des airs y signale sa rage,
Mais rien n'arrête son Epoux.

PLATÉE.

Je crains peu son courroux,
Dans mon humide Empire on crie après l'orage.

Annonçons ce beau jour ,
Aux Nimphes de ma Cour.

Quittez, Nimphes, quittez vos demeures profondes;
Un torrent de céleftes ondes
Eft prêt d'inonder ces climats.

Et vous, Junon, pleurez, arrofez mes Etats.

Quittez, Nimphes, quittez vos demeures profondes;
Un torrent de céleftes ondes
Eft prêt d'inonder ces climats.

Toutes les Nimphes de la Cour de PLATÉE *fortent
du fond du Marais , s'elevent au-deffus des rofeaux
& s'avancent fur la Scene.*

SCENE VI.

PLATÉE, MERCURE, CITHERON,
CLARINE, CŒUR de NIMPHES,
de la fuite de PLATÉE.

CHŒUR de Nimphes.

Epais nuages,
Raffemblez-vous ;
Tombez fur nous ;

Enflez nos rivages :
Jufqu'à vos ravages,
Tout nous fera doux.

Les Nimphes forment differentes
danſes dans leur caractére.

C L A R I N E.

Soleil, fuis de ces lieux,
Ceſſe de tourmenter les humides Naïades :
Regnez favorables Hïades,
Eteignez pour jamais ſon éclat & ſes feux.

On danſe.

MERCURE rentrant ſur la Scene d'où il étoit ſorti
pendant le divertiſſement.

Nimphes, les Aquilons viennent troubler la fête ;

Je vois Iris qui s'avance à leur tête.
Un vent impétueux agite les rozeaux,
Retirez-vous au fond des eaux.

Une troupe d'Aquilons, par une entrée extrêmement vive,
force les Nimphes à ſe retirer dans leur Marais.

Fin du premier Acte.

ACTE II.

Le Théâtre repréſente une autre vûe du Mont Cithéron,
& dans l'éloignement la Ville d'Athénes

SCENE PREMIERE.

MERCURE, CITHERON.

MERCURE.

JE viens de ſoulager Junon dans ſa colére,
Par un aveu qu'elle croïoit ſincére,
    Athenes deviendra l'objet de ſon cour-
    roux :
    Et déja l'eſpoir la conſole
D'y ſurprendre à la fois la Nimphe & ſon Epoux.

Un nuage conduit par des Aquilons, traverſe le Théâtre.
Vous voïez qu'elle y vole.

 P L A T É E,

En toute liberté,
Jupiter peut paroître,
Il vient...

C I T H E R O N.

Retirons-nous dans ce bois écarté,

M E R C U R E.

Nous verrons tout sans nous faire connoître.

Ils se retirent tous deux à l'écart.

SCENE II·

JUPITER, MOMUS,

dans un Char à demi descendu.

AQUILONS suspendus en l'air.

JUPITER aux Aquilons.

AQuilons trop audacieux,
Craignez ma colere;
Fuyez de ces lieux.

Pour voir de près la beauté qui m'est chere;
Pour lui rendre un hommage aussi vif que sincére,
Je quitte le séjour des Cieux.

Aquilons trop audacieux
Craignez ma colere;
Fuyez de ces lieux.

*Les Aquilons disparoiſſent, des nuages couvrent
le Char où ſont JUPITER & MOMUS.*

PLATÉE s'avance du fond du Théâtre.

SCENE III.
PLATÉE.

*Elle s'approche du nuage qui s'eſt étendu juſqu'à terre,
& le conſidere.*

A L'aſpect de ce nuage;
Je ne ſçaurois m'abuſer,
Jupiter ſait tout oſer :
Mais aurai-je le courage
De recevoir ſon hommage,
Ou de le refuſer.

Les nuages font quelques mouvemens.

Le nuage s'entr'ouvre
Je vois du mouvement :
Je crois qu'il me découvre
Mon adorable amant.

La partie d'en bas des nuages se sépare & remon[te]
dans la partie d'en haut.

J U P I T E R paroît sous la forme d'un Quadrupéde
un petit Amour l'enchaîne de guirlandes de fleurs.

Quelle métamorphose!
Dois-je approcher? Je n'ose.

C'est une épreuve assurément.
Que Jupiter prépare à ma flâme nouvelle.
Venez, venez, j'y suis fidelle,
Quel que soit ce déguisement.

Elle s'en approche à une certaine distance, & de
tems en tems le regarde tendrement.

Apprenez-moi ce qu'amour vous inspire,
Et ce que votre cœur prétend.
Vous soupirez, & je soupire;
Il suffit d'un si doux accent.
Vous dites tout sans me rien dire.
Ah! Que l'amour est éloquent!

Pendant que P L A T É E dit ces paroles, J U P I T E R
lui repond avec les sons naturels à la forme
qu'il a prise; après quoi il change de forme
& prend celle d'un Oiseau battant des aîles
demie hauteur du Theâtre.

Quoi

Quoi! Vous diſparoiſſez!.. Sous quel nouveau plu-
mage
      Me repreſentez-vous
    Le plus beau des Hibous?

     Oiſeaux de ce bocage,
       Venez tous,

Chantez. * Mais quels cris! Quel ramage!
*On entend le charivari des Oiſeaux à l'aſ-
peċt du Hibou, qui après s'être perché quelque tems, s'envole ſans que PLATÉE s'en
apperçoive.

Oiſeaux, vous en êtes jaloux,
   Changez de langage,
    Rendez hommage
Au plus beau des Hibous.

   Elle s'apperçoit que l'Oiſeau s'eſt envolé.

Hélas! Il s'envole?
Je ne le vois plus.

        Elle parcourt le théâtre.
          E

Pendant qu'elle s'occupe à pleurer, on en-
tend subitement un grand coup de ton-
nere. Une pluie de feu tombe du ciel:
elle parcourt le Théâtre toute effrayée.

Ciel ! Quelle terrible rosée !

Jupiter arrive sur le Théâtre sous sa veritable
forme, suivi de MOMUS ! Il est armé de
son foudre qui est en feu, & dont il effraye
PLATÉE.

J U P I T E R à PLATÉE, *lorsque son foudre*
est éteint.

Charmant objet de mes dignes amours.
Ne soyez pas plus long-tems abusée.
Comptez sur mon secours.

Il jette son foudre.

J'éloigne de mes mains la foudre redoutable;
Je ne viens point vous allarmer.
Jupiter avec vous devenu plus traitable,
Ne s'occupera plus que du plaisir d'aimer.

Elle reste toujours tremblante.

Seriez-vous insensible à mes tendres vœux ?..

P L A T É E.

. . . . Ouffe.

J U P I T E R.

Je vous offre des vœux constans;
Vous ne répondez rien . . . .

PLATÉE.

Pardonnez-moi j'étouffe ,
Et je soupire en même tems.

JUPITER, à Momus.

En attendant qu'un doux himen s'apprête,
Qu'on réjouisse ici ma nouvelle conquête :
Momus, rassemblés tous vos jeux ;
Que l'allegresse de la fête.
Egale l'excès de mes feux.

Il s'éleve un Palais , d'une architecture Grotesque.

MOMUS.

Sujets divers que le délire
Enchaîne à jamais dans ma cour ,
Venez, du Dieu qui vous inspire
Soutenez la gloire en ce jour.

SCENE IV.

JUPITER, MOMUS, PLATÉE,
Chœur des suivans de MOMUS, MERCURE
& CITHERON , travestis parmi eux.

LE CHŒUR autour de PLATÉE.

QU'elle est aimable ! Qu'elle est belle !
A tant d'appas
Qui n e se rendroit pas ?

Jupiter soupire pour elle.
Le charmant objet que voilà !
Ah ! Qu'elle est belle !
Ah ? Ah ! Ah ! Ah !

*PLATÉE est tantôt fâchée & tantôt bien-aise,
selon ce que lui dit ce Chœur ; après lequel on
entend une symphonie extraordinaire.*

M O M U S.

Mais une nouvelle harmonie
Annonce apparemment Terpsicore, ou Thalie.

S C E N E V.

LA FOLIE, *une Lyre à la main ;*
Et les Acteurs de la Scene précedente.

L A F O L I E.

Vous vous trompez, Momus, non, non.

M O M U S.

Que vois-je ? O ciel !

L A F O L I E.

C'est moi, c'est la Fo[lie]
Qui vient de dérober la Lyre d'Appollon.

MOMUS et *LE CHŒUR.*

Honneur, honneur à la Folie ,
Qui tient la Lyre d'Appollon.

Différens quadrilles de suivants de M O M U S *& de*
L A F O L I E *; les uns d'un caractere gay , habillés en*
Pompons ; les autres d'un caractere sérieux , vêtus
en Philosophes Grecs entrent en dansant : L A
F O L I E *, en touchant de sa Lyre , anime leurs*
danses qui sont de leurs différens caracteres.

L A F O L I E.

Tout s'embellit par la Folie ,
Ecoutés du beau simple & jugés par mes chants
Si je connois la mélodie :
Ecoutés bien , surtout , ma simphonie.

Elle fait des accords sur sa Lyre pour
l'essayer , puis s'en accompagne.

„ Aimables Jeux , suivés nos pas :
„ Plaisirs badins , c'est dans vos bras
„ Que notre ardeur se renouvelle ;
„ Si Zéphir ne badinoit pas ,
„ Flore lui seroit moins fidele.

Elle s'interrompt elle-même , & dit
par exclamation.

Vous voyez mon talent suprême :
J'attriste l'allegresse même
Par mes sons plaintifs & dolens.

LE CHŒUR.

Honneur, honneur à la Folie.
Elle surpasse Polymnie :
Honneur à ses divins accens.

LA FOLIE.

Admirés tous mon art célébre
Je fais d'un image funébre
Une allégresse par mes chants.

Elle prélude de nouveau sur sa Lyre

& s'accompagne.

,, Aux langueurs d'Appollon, Daphné se refusa,
,, L'Amour sur son tombeau
,, Eteignit son flambeau
,, La métamorphosa.

,, C'est ainsi que l'Amour de tout tems s'est vengé :
,, Que l'Amour est cruel, quand il est outragé !

„ Aux langueurs d'Appollon, Daphné se refusa,
   „ L'Amour sur son tombeau,
   „ Eteignit son flambeau,
     „ La métamorphosa.

L E   C H Œ U R.

Honneur, honneur à la Folie,
Elle surpasse Polymnie ;
Honneur à ses divins accens.

On danse différentes entrées de caractere.

L A   F O L I E.

   Je veux finir
 Par un coup de génie.

A MOMUS & à ses suivans.

Secondez-moi, je sens que je ne puis parvenir.
 Au chef-d'œuvre de l'harmonie.

Seule d'abord, puis avec MOMUS, MERCURE,
CITHERON ET TOUS LES CHŒURS,

Himen, himen, l'Amour t'appelle
Prépare à Jupiter une chaîne nouvelle,
Viens couronner sa nouvelle Junon.

PLATÉE, à ce mot de nouvelle Junon.

 Hé, bon, bon, bon,

 PLATÉE,

LA FOLIE, MOMUS, MERCURE,
CITHERON, TOUS LES CHŒURS,
Et PLATÉE, à differentes reprises.

Dans son ame
Viens unir ta flâme ,
Aux feux de Cupidon ,
Hé, bon, bon, bon.

On danse à différentes reprises de ce Chœur ; & à la fin tous se retirent en dansant avec PLATÉE *, qu'on fait danser aussi.*

FIN DU SECOND ACTE.

ACTE III.

Le Théâtre repréſente le même lieu qu'au premier Acte

SCENE PREMIERE.

J U N O N.

Elle entre en fureur, accompagnée D'I R I S.

Aine, dépit, jalouſe rage,
Je vous livre mon cœur.

Etouffez mon amour pour un Epoux volage,
Inſpirez-moi votre fureur.

Haine, dépit, jalouſe rage,
Je vous livre mon cœur.

MERCURE traverſe le théâtre à pied,
& feint de vouloir éviter JUNON.

E

SCENE II.
JUNON, MERCURE.

Iris reste toujours sur la Scene avec Junon.

J U N O N.

ARrêtés : Jupiter n'étoit point dans Athênes
Vous m'abusiez : vous trompiez mes désirs.
Quel charme trouvez-vous à redoubler mes peines

MERCURE.

Non. Je verrai bien-tôt renaître vos plaisirs.
Si je sers Jupiter, applaudissez mon zéle,
Qui tend à vous servir bien plus que votre époux

J U N O N.

Ne croyez pas appaiser mon couroux:
Je veux confondre l'infidele.

MERCURE.

Hélas ! Il ne tiendra qu'à vous.

En ce lieu même il va paroître,
Attendez-le moment de vous faire connoître,
Et suspendez vos mouvemens jaloux.

*Mercure s'en va par le fond du théâtre au-devan
de Jupiter & de Platée. Junon sort par un des côtés*

SCENE III.

DRIADES et SATYRES danſans.

CHŒUR de Nymphes de la ſuite de PLATE'E,
& de Satyres chantans.

PLATÉE couverte d'un voile,
dans un char traîné par deux Grenouilles.

JUPITER et MERCURE à pied,
aux deux côtés du char.

AUTRES SATYRES qui ſuivent le char.

Tous les Acteurs arrivent dans cet ordre
& font un tour ſur le théâtre.

LE CHŒUR, pendant la marche.

Chantons, célébrons en ce jour
Le pouvoir de l'Amour.

Par lui, la Nymphe peut prétendre,
A s'unir au plus grand des Dieux;
Et le Roi le plus glorieux,
A la Bergere peut ſe rendre.

Chantons, célébrons en ce jour
Le pouvoir de l'Amour.

Après la marche PLATÉE reſte dans ſon char au fond
du théâtre pendant qu'on danſe, après quoi elle en deſcend
& prend JUPITER par la main.

F ij

PLATÉE, à *JUPITER*,
qu'elle amene au bord du Théâtre.

Dans cette fête,

Mon cœur s'aprête

A recevoir ardemment

Les vœux de mon amant.

Mais il nous'manque en ce moment
Pour mon bonheur & pour le vôtre,
L'Himen, l'Amour; ou du moins, l'un ou l'autre.

JUPITER à *MERCURE.*

Mercure dites-moi pourquoi ces petits Dieux
Ne me suivent pas dans ces lieux?

MERCURE.

Ces Dieux, vous le savez, vont rarement ensemble;
C'est un hazard qui les rassemble
Sur la terre, sur l'onde, & même dans les Cieux.

PLATÉE.

Quoi, faut-il les attendre encore?

Mon cœur tout agité,

Est impatienté

De l'importune gravité

De ces beaux fils de Terpsicore.

*JUPITER & MERCURE font rasseoir PLATÉE
sur un des côtés du Théâtre. On danse dans le genre le
plus noble pour l'impatienter davantage.*

La danse est interrompue par une symphonie extraordinaire.

SCENE IV.

MOMŪS un bandeau fur les yeux, avec un
arc & un carquois d'une grandeur ridicule ;

LA FOLIE, fa Lyre à la main,
Et les Acteurs de la Scene précédente.

JUPITER, appercevant de loin MOMUS.

QUe vois-je ? Eſt-ce l'Amour, vient-il avec
ſes armes,
Pour lancer dans mon cœur encore de nouveaux
traits ?

MOMUS ſe tient toujours éloigné.
PLATÉE.

Puiſqu'il vient pour moi tout exprès ;
Qu'il avance ; il ne peut s'approcher de trop près.
Quand MOMUS *s'eſt approché.*
JUPITER & MERCURE.

C'eſt Momus ! De l'Amour n'a-t'il pas tous les
charmes ?

MOMUS, à PLATE'E,
après un ſalut très-profond.

Le tout-puiſſant Amour, ayant affaire ailleurs,
Ne peut ici venir lui-même.
Il m'a chargé pour vous de toutes ſes faveurs.

PLATÉE.

Donnez, donnez, ce fera tout de même.

*LA FOLIE amene fur le bord
du théâtre MOMUS, qui en
paroît embarafé.*

*LA FOLIE à MOMUS,
en fe moquant de lui.*

Lance tes traits Amour, épuife ton carquois,
Etends jufqu'à nous ta victoire.

Ajoûte à ta gloire
De nouveaux exploits.

*On entend un Prélude d'un
nouveau caractére.*

Cytheron entre.

PLATÉE.

Mais qui nous vient encor ?

SCENE V.

CITHERON,

Suivi des Habitans de la campagne, & les Acteurs
de la Scene précédente.

CITHERON, à PLATE'E.

Ymphe, votre conquête
Fait tant de bruit, qu'elle tourne la tête
A tous les Hameaux d'alentour ;
Et mon peuple, en un si grand jour,
Veut prendre part à cette auguste fête.

*Les Habitans de la campagne mêlent leurs
danses à celles des Satyres & des Driades.*

CITHERON, à ses Sujets.

Du plus grand des Immortels
Platée a fait la conquête,
De son triomphe embellissez la fête,
Et préparez-lui des autels.

On danse.

LA FOLIE, à tous les differens Chœurs.

Chantez Platée, égayez-vous,
Chantez le pouvoir de ses charmes.

LE CHŒUR.

Chantons Platée, égayons-nous,
Chantons le pouvoir de ses charmes.

TOUS ENSEMBLE.

Le Dieu qui lui rend les armes

LA FOL. Va vous
LE CH. Va nous } combler de ses biens les plus doux;

LA FOL. Chantez, dansez, sautez
LE CH. Chantons, dansons, sautons } tous.

LA FOL. Chantez Platée, égayez-vous.

LE CH. Chantons Platée égayons-nous.

LA FOL. Chantez
LE CH. Chantons } le pouvoir de ses charmes.

On danse à toutes les differentes reprises,
& à la fin de ce Chœur.

JUPITER, à MERCURE,

à part au bord du théâtre.

Voici l'instant de terminer la feinte;
Mais Junon ne vient point.

MERCURE.

Elle est près de ces lieux.

JUPITER va prendre PLATÉE par la main.
JUPITER.

JUPITER.

* *Platée paroît hésiter à lui donner la main.*

Que des nœuds ſolemnels. * Mais d'où naît cette crainte ;
Vous qui ne doutez point du pouvoir de vos yeux?

PLATÉE.

Je ſonge à votre ancienne Epouſe.

JUPITER.

Hé quoi! Qu'en apprehendez-vous?

PLATÉE.

Elle eſt, à ce qu'on dit, jalouſe.

JUPITER.

Nous laiſſerons agir ſon impuiſſant courroux.
Pour célébrer un nœud ſi légitime,
Je jure...

Jupiter répéte ce dernier mot pluſieurs fois, en regardant ſi Junon vient.

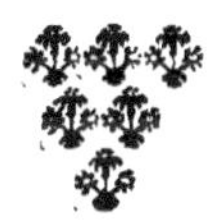

SCENE VI.

JUNON, qui arrive en fureur, suivie D'Iris;
& les Acteurs de la Scene précédente.

J U N O N.

Arrête, Ingrat,
Tu n'acheveras pas cet horrible attentat.
Heureuse en ma fureur, saisissons ma victime.

Elle se jette sur PLATÉE *qui cherche à se cacher
derriere* JUPITER, & *elle lui arrache son voile.*

Que vois-je ! O ciel !

JUPITER, *à* JUNON, *avec un sourire.*

Vous voyez votre erreur.

PLATÉE *sort furieuse & emmene
toutes ses Nymphes.*

J U N O N.

Ma surprise est extrême,
Quelle confusion succede à ma douleur!

J U P I T E R.

Douterez-vous encor que je vous aime ?

J U N O N.

Non. Vous rétablissez le calme dans mon cœur.

JUPITER.

Montons au féjour du tonnere,
Venez, quittons ces lieux.
Il n'appartient point à la terre
D'arrêter plus long-tems le Souverain des Dieux.

*JUPITER & JUNON montent au ciel au bruit du ton-
nerre avec IRIS & MOMUS, ils font envelopés dans des
nuages. MERCURE vole devant eux, LA FOLIE refte fur
la terre. PLATÉE eft ramenée fur la Scene par les Habitans de la campagne, leurs femmes & leurs enfans qui
l'entourrent & fe moquent d'elle.*

SCENE DERNIERE.

PLATÉE, CITHERON, LA FOLIE,
Tous les CHŒURS de Satyres, de Driades
& d'Habitans de la campagne.

LA FOLIE, *avec tous les Chœurs.*

Chantons Platée egayons nous,
Chantons le pouvoir de fes charmes.

*Differens quadrilles de danfes fe forment
pour fe moquer de PLATÉE.*

PLATÉE, *en fureur*

Taifez-vous,
Ou, par la mort, je vous punirai tous.

LES CHŒURS.

Le Dieu qui lui rend les armes
Va nous combler de ses biens les plus doux,
Chantons, dansons, sautons tous.

On danse.

P L A T É E.

Quoi ! L'on craint si peu mon couroux ?
Je brouillerai, je troublerai mon onde,
Et c'est du sein de ma grotte profonde,

Que je vous {porterai / lancerai} mes coups.

L E S   C H Œ U R S.

Chantons Platée, égayons-nous,
Chantons le pouvoir de ses charmes.

On danse.

P L A T É E.

Taisez-vous.
Ou, par la mort, je vous punirai tous.
A Citheron, qu'elle prend à la gorge.
Tu vois ma rage,
Frémis d'effroi :
D'un tel outrage
Je n'accuse que toi.

C I T H E R O N.

Que moi !

P L A T É E.

Oui, toi.

E N S E M B L E.

CITHERON. N'accusez que l'ingrat qui vous
manque de foi.
PLATÉE. Je n'accuse que toi, je n'accuse que toi.

L E S   C H Œ U R S.

Chantons Platée, égayons-nous.
Chantons le pouvoir de ses charmes.

P L A T É E.

Quoi ! L'on prétend braver mes coups ?
Courrons, allons contr'eux exhaler mon couroux.

*Elle prend sa course & va se précipiter dans son Marais.
LA FOLIE emméne avec elle les differens chœurs se
réjouir du racomodement de JUPITER & de JUNON.*

L E S   C H Œ U R S.

Chantons Platée, égayons-nous.
Chantons le pouvoir de ses charmes.

FIN DU BALLET.

APPROBATION.

J'Ai lû par ordre de Monſeigneur le Chancelier une réimpreſſion *du Ballet de Platée*, avec quelques changemens, & je n'y ai rien trouvé qui doive en empêcher l'Impreſſion : A Verſailles ce 10 Janvier 1749. DEMONCRIF.

PRIVILEGE DU ROY.

LOUIS par la grace de Dieu, Roy de France & de Navarre : A nos amés & feaux Conſeillers, les Gens tenans nos Cours de Parlemens, Maîtres des Requêtes ordinaires de nôtre Hôtel, Grand'Conſeil, Prevôt de Paris, Baillifs, Sénéchaux, leurs Lieutenans Civils, & autres nos Juſticiers qu'il appartiendra, Salut. Nôtre très cher & bien amé le Sieur LOUIS-ARMAND EUGENE DE THURET, cy-devant Capitaine au Regiment de Picardie ; Nous a fait repréſenter que, par Arreſt de nôtre Conſeil du 30 May 1733. Nous avons revoqué le Privilege qui avoit été accordé au Sieur le Comte & ſes Aſſociez, pour raiſon de l'Academie Royale de Muſique, ſes circonſtances & dépendances, & rétabli ledit Privilege en faveur dudit Sieur Expoſant, pour en joüir par lui, ſes Aſſociez. Ceſſionnaires & ayans-cauſe aux charges & conditions portées par ledit Arreſt, pendant le temps & eſpace de vingt-neuf années, à compter du premier Avril de ladite année 1733 & que pour l'exploitation dudit Privilege, ledit Sieur Expoſant ſe trouve obligé de faire imprimer & graver les Paroles & la Muſique des Opera qui doivent être repréſentés ; mais que pour cet effet il a beſoin de notre Permiſſion & des Lettres qu'il Nous a très-humblement fait ſupplier de lui accorder. A CES CAUSES, voulant favorablement traiter ledit Expoſant : Nous lui avons permis & permettons par ces Preſentes de faire imprimer & graver *les Paroles & Muſique des Opera, Ballets & Fêtes qui ont été ou qui ſeront repreſentés par l'Academie Royale de Muſique, tant ſéparément que conjointement* en tels Volumes, forme, marge, caractere, & autant de fois que bon lui ſemblera, & de les faire vendre & debiter par tout notre Royaume ; pendant le temps de vingt-neuf années conſecutives à compter du jour de la datte deſdites Preſentes. Faiſons défenſes à toutes perſonnes, de quelque qualité & condition qu'elles ſoient d'en introduire d'Impreſſion ou Gravure Etrangere dans aucun lieu de notre obéiſſance : Comme auſſi à tous Imprimeur, Libraire, Graveurs, Imprimeurs Marchands en Taille-Douce, & autres de graver, ni faire graver, imprimer, ou faire imprimer, vendre, faire vendre, débiter ni contrefaire leſdites Impreſſions, Planches & Figures de Paroles, de Muſique des Opera, Ballets & Fêtes, qui ont été ou qui ſeront repreſentez par ladite Academie Royale de Muſique, tant ſéparément que conjointement en tout ni en partie, ſans la permiſſion expreſſe & par écrit dudit Sieur Expoſant, ou de ceux qui auront droit de lui ; à peine de confiſcation, tant des Planches & Figures, que des Exemplaires contrefaits & des Uſtanciles qui auront ſervi à ladite contrefaçon, que Nous entendons être ſaiſis en quelque lieu qu'ils ſoient trouvez ; de dix mille livres d'amende contre chacun des Contrevenans, dont un tiers à Nous, un tiers à l'Hôtel-Dieu de Paris, l'autre tiers audit Sieur Expoſant, & de tous dépens, dommages & intéreſts, à la charge que ces Preſentes ſeront enregiſtrées tout au long ſur le Regiſtre de la Communauté des Libraires & Imprimeurs de Paris, dans trois mois de la datte d'icelles ; que la Gravure & Impreſſion deſdites Paroles & Opera ſera faite dans notre Royaume & non ailleurs, en bon papier & beaux caracteres, conformément aux Reglemens de la Librairie, & notamment à celui du dix Avril 1725. & qu'avant de les expoſer en vente les Manuſcrits gravés ou imprimés ſeront remis dans le même état où les Approbations auront été données ès mains de notre très-cher & feal Chevalier Garde des Sceaux de France,

le Sieur Chauvelin ; & qu'il en fera enfuite remis deux Exemplaires de chacun dans notre
Bibliotheque publique, un dans celle de notre Château du Louvre, & un dans celle de notre très-cher & feal Chevalier Garde des Sceaux de France, le Sieur Chauvelin: Le tout à
peine de nullité des Préfentes; Du contenu defquelles Vous mandons & enjoignons de
faire jouir ledit Sieur Expofant, ou fes Ayants-caufe, pleinement & paifiblement fans fouf-
frir qu'il leur foit fait aucun trouble ou empêchement. Voulons que la Copie defdites Préfentes, qui fera imprimée tout au long au commencement ou à la fin defdites Paroles ou
Opera, foit tenue pour dûement fignifiée ; & qu'aux Copies collationnées par l'un de nos
amés & feaux Confeillers & Secretaires, foy foit ajoûtée comme à l'Original. Commandons
au premier notre Huiffier ou Sergent, de faire pour l'exécution d'icelles tous Actes requis
& neceffaires, fans demander autre permiffion, & nonobftant Clameur de Haro, Châtre Nor-
mande & Lettres à ce contraires. CAR tel eft nôtre plaifir. DONNE' à Fontainebleau le
douziéme jour de Novembre, l'An de Grace mil fept cent trente-quatre, & de notre Regne
le vingtiéme : *Et plus bas*, Par le Roy en fon Confeil. *Signé* SAINSON, avec paraphe.

*Regiftré fur le Regiftre VIII. de la Chambre Royale des Libraires & Imprimeurs de
Paris, N. 797. fol. 779. conformément aux anciens Reglemens, confirmés par celui du
28 Février 1723. A Paris le 23 Novembre 1734.*

G. MARTIN, *Syndic.*

www.ingramcontent.com/pod-product-compliance
Lightning Source LLC
LaVergne TN
LVHW011352170726
843501LV00006B/1792